धूल

रचना मल्होत्रा

कलम का वज़न उठा पाओगे जिस दिन जानोगे ये
के रूह का तड़पना ज़रूरी है महसूस करने के लिए
के बस ख़याल हो, एक कलम और कुछ बूंदें स्याही
सांसें इतनी भी ज़रूरी नहीं जीने के लिए।

प्रथम संस्करण: मई, 2023
भारत में मुद्रित

टाइप : हलंत

ISBN: 978-93-90267-97-2
आवरण रचना व मंडला कला : रचना मल्होत्रा

प्रकाशक :   स्टोरीमिरर इंफोटेक प्राईवेट लिमिटेड,
7वीं मंजिल, एल तारा बिल्डिंग,
डेल्फी बिल्डिंग के पीछे,
हीरानंदानी गार्डन, पवई, मुंबई,
महाराष्ट्र - 400076, भारत

Web: storymIrror.com
Facebook: @storymIrror
Instagram: @storymIrror
TwItter: @story_mIrror
Contact Us: marketIng@storymIrror.com

समर्पण

ये कविताओं का गुलदस्ता उन्हें समर्पित है
जिन्होंने जन्म तो एक बार दिया
लेकिन सारी उम्र ज़िन्दगी देते रहे।
उनके बिना मेरा वजूद शून्य है।
मेरे माँ – पिता, मेरे रब।

आपके साये तले गुज़ारें हैं
कड़ी धूप से दिन
चाहे जितनी क़ाबिल हो जाऊं,
चल ना सकूँ आपके बिन
मैंने मांगी थी रब्ब से
ममता और धैर्य की छाओं
वो आपकी गोद में
डाल गया मुझे एक दिन।

आभार

सबसे पहले आभार है **मम्मी** और **डैडी** का क्योंकि ये उनकी ही इच्छा है के मेरी कविताओं ने किताब का रूप लिया है।

आभार है **मेरे परिवार के सदस्यों** का जो हमेशा प्रोत्साहित करते हैं जीवन में आगे बढ़ते रहने के लिए।

दिल से आभार **रवि 'चाँद' पुनिया** और **सृष्टि परमार** का जिनकी सहायता, सलाह और मदद के बिना इस किताब को जीवन नहीं मिलता।

आभार है **यौरकोट (YourQuote)** का जिसने 2017 से रोज़ लिखने की आदत डाल दी के अब रोज़ ना लिख पाऊं तो अधूरा सा लगता है।

आभार है **यौरकोट से मिले दोस्तों** का जिनसे होंसला अफ़ज़ाई हमेशा मिलती रहती है और उससे भी अधिक मिलता है अपार प्रेम और आदर।

आभार है यौरकोट के बाहर भी **मेरे दोस्त और सहेलियों** के जो हर काम में साथ निभाने को हमेशा कंधे से कंधा जोड़ के खड़े हैं

आभार है **ज़िन्दगी** का जिसने इतने अनुभव दिए और उन अनुभवों के ज़रिए कई पाठ पढ़ाये। इन्ही अनुभवों से खुद से पहचान करवाई, खुद की क्षमता का अंदाज़ा दिलाया और कई एहसासों से परिचय करवाया। ज़िन्दगी ने ही लिखना सिखाया।

आभार **उन लोगों** का भी जो साथ छोड़ गए, मुह मोड़ गए, या विश्वास तोड़ गए, क्योंकि ज़िन्दगी के सबसे मुश्किल सबक वही सीखा गए।

और खास आभार कहना चाहूंगी **डॉ वासिफ़ यार** का जिनसे बहुत कुछ सीखने को मिलता है, ना सिर्फ लेखनी के बारे पर इंसानी तौर पर विनम्रता और व्यावहारिकता के बारे, जिसकी वो मिसाल हैं।

"अनकहे अनसुने अल्फाज़ का भण्डार नहीं।
शायरी नाम है, एहसास की गहराई का "

– डॉ वासिफ़ यार

साहित्य अकेडमी पुरस्कार से दो बार सम्मानित

उर्दू एवं फ़ारसी के 'प्रकाशित' कवि जिन्होंने कई फिल्मों, वृत्तचित्र एवं रंगमंच के लिए कहानी, पटकथा और संवाद भी लिखें हैं।

नई नस्ल में एक ऐसी पौध तैयार हो रही है जिन में ना अल्फाज़ से शनासाई है, ना विचारों की गंभीरता है, ना खयालात की बुलंदी, ना व्यवहार का रख रखाव, कविताओं के नाम पर सतही तुकबंदी, और फूहड़ चुटकुलों को साहित्य समझा जा रहा है, ऐसे में रचना की रचनाएं ठंडी हवा के खुशबूदार झोंके की तरह हैं।

गुफ़्तुगु जब सिर्फ़ ज़बानी जमा खर्च हो तो कानों से टकरा कर चकना चूर हो जाती है, लेकिन दिल से निकली हुई एक पंक्ति भी दिल में घर कर जाती है, रचना की कविताओं में परबतों का ठहराव, दरिया की रवानी, हवाओं की शीतलता और मिट्टी की खुशबू अपने चरम पर है, उन्होंने दुनिया के दर्द को अपना ज़ाती दर्द समझा है, और इस दर्द में अल्फाज़ की सरगम को इस खूबसूरती से पिरोया है के दर्द आशना को इस पर मरहम का गुमान होता है।

उपनिषद् का वचन है के सृष्टि भगवान की लीला है और कविता कवि की लीला है, और एक शायर होने के नाते इस वाक से मैं ये समझा हूं कि जिस तरह संसार की लीला को देख कर हम इसके बनाने वाले को भुल जाते हैं और इसी की सुंदरता में लीन हो जाते हैं, ठीक उसी तरह निपूर्ण कवि वही है जिसकी रचनाओं में उसकी भावनाओं की पाकीज़गी नज़र आए वो ख़ुद नहीं।

अल्फ़ाज़ खयालात की सवारी हैं, शायरी में वही अल्फ़ाज़ कारगर होते हैं जिनसे खयालात का गहरा रिश्ता हो।

रचना की कविताओं में जा बजा इस खूबी का कोमल स्पर्श पाया जाता है।

मैं ये बात पुरी ज़िम्मेदारी से कह सकता हूं की रचना की कविताओं में आत्मविश्वास से भरी चिंगारी है जिसकी गरमी एहसास में ठंडक बन कर उतरती है।

उम्मीद है इस काव्य संग्रह को न सिर्फ़ ख़ासो आम में पसंद किया जाएगा, बल्के एक साहित्यिक हलचल भी पैदा होगी।

समीक्षा - धूल

करीब आधे दशक से रचना की रचनाएं पढ़ी और सुनी हैं। इनकी रचनाओं की खासियत है कि वे आपको गंभीर से गंभीर बातें व भावनाएं इतने सरल शब्दों में व्यक्त कर देंगें कि कोई भी उनको आसानी से समझ पाएगा और महसूस कर पाएगा। रचना के शब्दों का स्याही और काग़ज़ से एक अनोखा रिश्ता है।

- मेघना बोस

कवियित्री

रचना की हर कविता में एक ऐसी बात होती है जो हर किसी की कहानी बन जाती है। बड़े सरल और कम शब्दों में काफ़ी कुछ कह जाती है रचना की रचनाएं। सोने पे सुहागा तब होता है जब वो बड़ी ख़ूबसूरती से हर कविता को पढ़ती है। चाहे पढ़ने वाला नया हो या कोई ऐसा जो काफ़ी सालों से पढ़ रहा हो, इनकी लिखी हुई कविता हर किसी को छू जाती है।

- जय तन्त्रा

कवि एवम गीतकार

शब्दों का शानदार चयन, लयबद्ध की हुई पंक्तिया, कविता के पीछे छिपी हुई कहानी, हर लिहाज़ से रचना की कविताएँ बेहतरीन हैं। इन कविताओं के माध्यम से जीवन के हर पहलू को छुआ गया है। हर आम और ख़ास इंसान इन रचनाओं की गहरायी में बड़ी आसानी से उतर पाएगा। रचना की कविताएं न केवल आपके मन को मोह लेंगी, बल्कि उनसे आपको एक नया नज़रिया भी मिलेगा।

- सौरभ मुखी

कवि

कहने को एक कण बहुत ही सूक्ष्म होता है, परंतु इसी कण में कण जुड़ कर पूरा ब्रह्मांड बन जाता है। इसी धूल के कण से बने हैं हम। ठीक वैसे ही रचना ने इस जीवन रूपी कहकशां को अपने सरल शब्दों, ख्यालों में, कविताओं में, बड़ी गहराई से बयां किया है। नि:संदेह ये शब्द हर एक व्यक्ति के दिल को एक सुखद हवा के झोंके की तरह छू कर गुजरेंगे।

देख कहां से चली थी !!! बड़ी दूर आ गई मेरी "धूलो"। बहुत - बहुत बधाई।

– रवि 'चांद' पुनिया

कवि

अनुक्रम

हर सफ़ा नई कहानी नए राज़ खोलता है

ज़रा सी स्याही देदो, तो कागज़ भी बोलता है।

1 - है क्या तलाश

है क्या तलाश और क्या कमी है
है सब कुछ यहीं तो फिर क्या नहीं है

लैला भी यहीं मजनू भी यहीं
मिली क्यों तुझे ही मोहब्बत नहीं है

है दरिया सामने और डूबने चले हम
साहिल भी यहीं है, कश्ती भी यहीं है

आता नज़र नहीं कुछ कहीं भी
है चाँद यहीं, सूरज भी यहीं है

आंखों ने मेरी छू लिया है कुछ तो
वो तेरी आँखों की नमी तो नहीं है

इस पूरी क़ायनात में हूँ मैं एक तिनका
या ये कायनात मुझे में ही कहीं है

ये कैसा है माया जाल के जिस में
सब कुछ है तेरा, तेरा कुछ नहीं है।

2 - नहीं दिखता

नज़र जाए जहाँ तक कोई दूसरा नहीं दिखता
दिल के आईने में अब चेहरा नहीं दिखता

कलम की नोक डुबोकर स्याही में हूँ बैठी
ज़ेहन में शेर का मिसरा नहीं दिखता

हैं क़ैद यहां हर कोई यादों में, खयालों मैं
छुपा रखा है सबने, पिंजरा नहीं दिखता

कैसे करोगे बटवारा इस घर का बतलाओ
दीवारें हैं नही, कोई कमरा नहीं दिखता

ज़मानेभर के गैरों से क्या उम्मीद रखें
जब अपनो में कोई हमारा नहीं दिखता

आँखें मूंद कर बैठें हैं सभी महफ़िल में
और कहते है सच तुम्हारा नहीं दिखता

सौ दिल बिछाये बैठे हैं मेरे सामने आशिक़
मगर कोई इनमें कुंवारा नहीं दिखता।

हर सफ़ा नई कहानी नए राज़ खोलता है
ज़रा सी स्याही देदो, तो कागज़ भी बोलता है

कुछ लिखती हूँ, लिखकर मिटा देती हूं
कोई ख़्याल जब मेरे जज़्बात टटोलता है

डर डर के डुबाती हूँ स्याही में नोक इसकी
के फिर ये कलम बेझिझक बोलता है

लिख दूँ सारे राज़ जो दफ़्न हैं सीने में?
ये सोच लूँ तो मेरा ज़मीर डोलता है

धब्बे रह जाते है स्याही के उंगलियों पर
जैसे सबूत कोई गुनाह खोलता है।

4 – दिल टूटा है

दिल टूटा है पर बर्बाद होना बाकी है
जुदा हुए हैं हम, अलविदा कहना बाकी है

कोशिश होती है रोज़ ही ज़िंदा रहने की
सांसें रुकी हैं, रूह निकलना बाकी है

खिज़ा का मौसम है यहां सदियों से
पत्ते सुख गए, शाखों से गिरना बाकी है

मर्ज है के कम होता नहीं है
ज़ख्म भर गया, खून रिसना बाकी है

महफिल सजती हैं रोज़ मैखाने में
हलक सूखे हैं, आंतें जलना बाकी है

तेरे तस्स्वुर में बीत ता है दिन सारा
याद कुछ नहीं, लेकिन भूलना बाकी है

काश किसी राह पे मिल जाये तू
चल तो रहें हैं, कहीं पहुंचना बाकी है।

कुछ लोग थे जो यूँ ही ज़ेहन में पड़े हुए थे
अधुरी कहानियों के किस्से जैसे बिखरे हुए थे
उन्न लोगो को अपने वजूद से अलग कर आई
कुछ कहानियां और किस्से अधूरे छोड़ आई।

एक पत्थर सा बोझ था सालों से सीने पर
उसे उतार के रख आई में किसी मोड़ पर
अब खुलकर सांस लिया तो एहसास हुआ है
कुछ कहानियो का अधूरा रहना ही अच्छा है।

6 – अकेले हो कभी

अकेले हो कभी तो खुद को मत अकेला समझ लेना
अपने साथ मुझको भी खड़ा हुआ समझ लेना

दोस्ती की है तो निभानी भी आती है मुझको
मुझको यार, रहबर, बहन और माँ समझ लेना

गर रोशनी रुख बदले तो हर्ज़ नहीं ए दोस्त
चलूंगी तेरे आगे, अपना साया समझ लेना

हो हमला मुसीबतों का या टूट पड़े तकलीफें
मुझको अपनी तबियत का सलाह खाना समझ लेना

लड़ जाऊंगी तेरे दुश्मनों से और फतेह होकर आऊंगी
इतना ऊंचा ही हमेंशा मेरा होंसला समझ लेना

कमज़ोर हूँ मैं बस तेरी नम आंखों से
एक बूंद आंसू ना करना कभी ज़ाया समझ लेना

जब तक हूँ तेरा हाथ थामे ए दोस्त
कोई माई का लाल ना कर पाए बाल बांका समझ लेना।

7 – रिश्ता ज़िन्दगी से

ज़िन्दगी से
बस इतना सा रिश्ता है
मैं हूँ तालिब – ए – इल्म
और वो इम्तिहां है
बस एक पेट है
और एक भूक
जीने का मोह तो
कबका गया छूट
ज़िंदा रहना है
किसी के लिए
और बहाना ढूंढ रहे
मरने के लिए
सांसें चुभती है
अब दिन रात
किसी से कहने को
नहीं कोई बात
ना चैन तब था
और ना है अब
मैं हूँ शांत
मैं हूँ बेसब्र।

8 – सभी मसरूफ़ हैं

सभी मसरूफ हैं ज़िन्दगी चलाने में
वक़्त लगता है पैसा कमाने में

पर कमाया क्या ये कभी सोचा है?
चार दोस्त हैं तुम्हारे इस ज़माने में?

घर, गाड़ी, ज़ेवर तो ठीक हैं
ज़मीर मिलेगा तुम्हारे ख़ज़ाने में?

किस्से कामयाबी के लिखने है सबको
ज़रूरत नहीं मोहब्बत की इस फ़साने में

बड़े मकानों की तमन्ना ना कर
अपने खो जाते हैं अक्सर इस वीराने में

एक नन्हा सा घोंसला ही काफी है
पंछी मिलते हैं इसी आशियाने में

मुस्कुराते चेहरे दिखें जहां दिन रात
इतने पैसे भी नही लगते घर चलाने में।

९ – रेत का मंज़र

रेत का मंज़र हूँ मैं
कदमों के निशान ना ढूंढ पाओगे
एक तपती आग है मेरे अंदर
चलते चलते जल जाओगे
जब प्यास से सूखेगी हलक़
तो पानी ढूंढने कहाँ जाओगे
अपने तूफानों में लपेट लुंगी जब
आंखों से कुछ ना देख पाओगे
कहते हो इश्क़ है और डरते हो
ऐसे कैसे जी पाओगे
चाहे झटक दो दामन से अपने
फिर भी मुझे ना छोड़ पाओगे।

10 – मेरे जाने के बाद

महसूस करना इस तरह मुझे मेरे जाने के बाद
जैसे तुझमें ही रूह मेरी मिले, मेरे जाने के बाद

कोई शिकवा ना कोई शिकायत करेंगे अब तुझसे
तू भी रखना ना मुझसे गिले, मेरे जाने के बाद

जा आज़ाद किया तुझे मेरी मोहब्बत ने
मिला लेना अब जिससे दिल मिले, मेरे जाने के बाद

तेरे घर के आंगन की सूखी क्यारी में
शायद एक गुलाब खिले, मेरे जाने के बाद

तेरी हर शाम के हर रंग से भरे आसमान में
मेरे काजल का भी रंग घुले, मेरे जाने के बाद

तुझसे मांगा करते थे कुछ वक़्त की भीक हम
अब फुरसत तुझे दिन रात खले, मेरे जाने के बाद

मेरी जन्नत भी तू, मेरा दोज़ख़ भी तू ही
तू भी जीये, तू भी जले, मेरे जाने के बाद।

अभी ना दफनाओ इस ज़िंदा लाश को

अभी ज़िन्दगी से जद्दो-जहद जारी है

अभी खत्म नहीं हुआ मैं

अभी मुझमें मैं बाकी है।

11 – इश्क़ मर्ज़ है

जानते हैं सभी के इश्क़ मर्ज़ है
किस्से कहानियों में बातें सारी दर्ज हैं
फिर भी उम्मीद दामन नहीं छोड़ती
इंसानी फितरत बस इश्क़ है खोजती
चार दिन की चांदनी में इश्क़ नहाये
फिर तेज़ रोशनी सूरज की मन जलाये
इश्क़ का सुरूर ही कुछ ऐसा है
जैसे कोई सस्ता सा नशा है
उतरे तो दर्द का एहसास
ना भूक लगे फिर ना प्यास
यादें जागने नहीं देतीं
यादें सोने भी नही देतीं
बस कशमकश में हैं पड़े हुए
रोक लें या जाने दें
जब बेचैनी हद्द से बढ़ जाये
ग़म संभाले ना संभाला जाये
तब निकलती है दिल से एक आह
हाय इश्क़ निकम्मा क्यों किया
पर इसमें इश्क़ का क्या कुसूर
पढ़ते तो पता चलता हुज़ूर
के जानते हैं सभी इश्क़ मर्ज़ है
किस्से कहानियों में बातें सारी दर्ज हैं।

12 – ज़ुबान – ए – खंजर

ज़ुबान – ए – खंजर दिल के पार कर गया
इश्क़ की ज़मीन को तार तार कर गया

किसी रात पुछेंगे तारों से हम
ये चाँद को कौन दाग़दार कर गया

उनसे नज़रें मिली और झुक गयीं
एक पल में मेरी जीत और हार कर गया

उलझता रहा मेरे ख़यालो में वो
फ़ारिग़ रहना मेरा दुशवार कर गया

यूँ लगा के खिल कर संवर गई मैं
जब जब वो मेरा दीदार कर गया

उसके आने से मुअज़ीज़ हुए थे हम
जब गया वो मुझे ख़ाकसार कर गया

उससे पूछा मैने मोहब्बत का मतलब
छू के चेहरा मेरा वो बुख़ार कर गया

कई जन्म लिए उसकी ख़ातिर हमने
बहुत लंबा वो मेरा इंतेज़ार कर गया।

13 - रु - ब - रु

महफ़िल महफ़िल तनहाई होती है रु - ब - रु
जब भी तेरी परछाई होती है रु - ब - रु

शिकवा करूँ तो वो भी मुश्किल है मेरी
हर गली में फिर रुसवाई होती है रु - ब - रु

किसी आईने में देखूं जो मैं अक्स अपना
तो ज़मीर की सुनवाई होती है रु - ब - रु

जब डूबना चाहूँ में ग़म के अंधेरों में
तेरी आँखों की गहराई होती है रु - ब - रु।

14 – माना के मुश्किल है

माना के मुश्किल है ज़िन्दगी बहुत लेकिन
ये किसने कहा था के आसान होगी

बहाओ चाहे मेरी इन् आंखों से आंसू
मगर मेरे चेहरे पे मुस्कान होगी

जो खुश होते हैं दूसरों की खुशियों को जलाकर
उनकी ज़िंदगी भी तो एक शमशान होगी

जो बेचते है अपना ईमान, अपनी रूह, अपना वजूद
उनकी शख्सियत जैसे कोई दुकान होगी

बदलती दुनिया के बदलते चेहरों में
कहीं तो मेरी कोई पहचान होगी

मैं बुझ भी जाऊं अब तो ग़म नही है
ये शमा अब ना किसीपर मेहरबान होगी

बीत गयी वो बचपन की शोरगुल की गलियां
ढलते उम्र की हर गली सुनसान होगी।

15 – इंतज़ार

बताओ तुम्हें किस पल का इंतज़ार है
जो आनेवाला नहीं, उस कल का इंतज़ार है

तमाम सवालों के जवाब चाहे ना मिलें
उस एक मुश्किल के हल का इंतज़ार है

तेरा साया बनके रहने की ख़्वाइश में
तेरे लबों से निकले 'चल' का इंतज़ार है

जो सेज बिछाई थी कदमों में वादों की
उनमें से किसी एक पे अमल का इंतज़ार है

ता – उम्र उस मोड़ पे खड़े गुज़ार दी
तु लौट के आएगा, उस पल का इंतेज़ार है।

16 – किस्सा

किस्सा अब ये सर – ए – आम हो गया है
रावण ही कलयुग का राम हो गया है

सच निगलता है कोई, कोई थूक देता है
रहता नहीं ज़ुबाँ पे, किमाम हो गया है

उसका बदन छूते हैं आते जाते कई
मर्दानगी दिखाने का ये मकाम हो गया है

हक़ मिल जाने पर फ़र्ज़ निभाना
कुछ लोगों के लिए मुश्किल काम हो गया है

फल खा लेते हैं पर पेड़ नहीं लगाते
इंसानी रवैया ये आम हो गया है

वो अचानक मिला तो हाल पूछा हमारा
हमने कहा शक़्स वो तमाम हो गया है

मिलेगा वो अब बस लोगों की ज़ुबान पर
जो कलम था थामे, खुद कलाम हो गया है।

17 - मैं चला

मैं चला जब तो बहुत अकेला चला
कोई ना था फिर भी एक काफ़िला चला

बून ने के लिए छोटा सा एक घर अपना
तिनका तिनका लिए एक परिंदा चला

मंज़िल ओझल है और पाओं थक गए
होंसला मेरा मगर आगे बढ़ता चला

सुखी शाक पे एक फूल गुलाब का
कांटो से बेपरवाह वो बस खिलता चला

ढक कर कभी आफ़ताब को, कभी मेहताब को
एक मनचला बादल यूँ बरसता चला

रुख़सत मुझे इस तरह करना यारों
जैसे बारातियों के साथ कोई दूल्हा चला

मखमूर इस कदर मिले मैखाने में
ग़म जुड़ते गए और नशा बढ़ता चला

ज़िन्दगी थी भी या नहीं, मालूम नहीं
मैं तो बस मौत को धोखा देता चला।

18 – कोशिश

रिश्तों में पड़ी दरारों में रहकर
उन्हें भरने की कोशिश
नासूर सी बन जाती है
रोज़ जीने की कोशिश

नक़ाब पहन के चेहरे पर
एक नई परत चढ़ाने की कोशिश
खुद का असली चेहरा, खुद से ही
छुपाने की कोशिश

सच को झूठ से ढक कर
खुश रहने की कोशिश
फिर अकेले में आंसू पोंछ कर
मुस्कुराने की कोशिश

मोहब्बत को सहारा बना
दिल के धडकने की कोशिश
फिर गहरा धोका खाके
दिल सम्भालने की कोशिश

दो निवाले, हर पहर
मुह तक लाने की कोशिश
कड़ी धूप में भूके पेट
पैसा कमाने की कोशिश

घर है नहीं और फिर भी
घर चलाने की कोशिश
मुट्ठी भर अनाज से
सबका पेट भरने की कोशिश

ख्वाब होंगे पूरे
ये यकीन करने की कोशिश
फिर ज़िम्मेदारियों में फंस कर
उन्हें भुलाने की कोशिश

नीयत चेहरे पर नंगी
और तन ढकने की कोशिश
ज़मीर को मार कर
अमीर बनने की कोशिश

बुझ कर हर रात को
सुबह फिर जलने की कोशिश
रोज़ मर्रा की भाग – दौड़ में
कुछ पल ठहरने की कोशिश

दम घोट ती है सभीका
सांस लेने की कोशिश
जंगल में बदलते इस शहर में
इंसान बने रहने की कोशिश।

19 – मुड़ के देखा नहीं

मुड़ के देखा नहीं था कभी
किसने दागा था छुरा मेरी पीठ में
खून के धब्बे थे जिनके गिरेबाँ पे
लगाया उन्ही को था सीने से

सुना बहुत कुछ था अपने बारे में
बुरी हूँ, बुरी हूँ, बुरी हूँ मैं
चेहरे थे लाल शर्म से उनके
'तुम अच्छे हो', जब कहा था मैंने उनसे

वो खुद अपनी हरकतों से
उतारते हैं नक़ाब अपने चेहरे से
अपने सलीके के वो ज़िम्मेदार हैं
मेरा होना ना होना, नहीं उनसे।

20 - हैं रंग कई

है रंग कई मौजूद मेरे पैमाने में
हर रंग मिला लेकिन मुझे मैखाने में

हर घूंट पर आंखें मेरी क्यों नम हुई
क्या ग़म इतना है इस ज़माने में

हर रंग दाग़ छोड़ गया मेरे लब पर
एक उम्र लग गयी जिन्हें मिटाने में

आओ रंग नया कोई हम बनाएं
मज़ा रहा नहीं इश्क़ को इश्क़ बुलाने में

मिल जाएं हम तुम इस सबब के लिए
के दो रंग लगते हैं नया रंग बनाने में।

टपकते हैं निगाहों से

वो क़तरा क़तरा

कभी शोर नहीं होता

मेरे लफ़्ज़ों का।

21 – क्या बात है

क़यामत के अंजाम से बेफिक्र हो
पर अंजाम – ए – मोहब्बत से डरते हो
क्या बात है

माँ – बाप की ख्वाहिशों का गला घोंट दिया
पर अपनी औलाद से उम्मीदें रखते हो
क्या बात है

हमें तो एक फूल दिया था जो था ज़रिया मनाने का
उसे फूलों की डोली में घर ले गए
क्या बात है

तेरी होंसला अफ़ज़ाई से आज इस मुकाम पे हूँ
हर कदम पे तू कहता रहा
क्या बात है

एक साहिल हूँ, सदियों से किनारे बैठा हूँ
तेरे जज़्बातों की लहर छू जाए गर
क्या बात है

तेरे ज़ुल्म ने तोड़ दिया मेरे वजूद को
और ज़माने ने तुझसे पूछा
क्या बात है?

महफ़िल में शेर पढ़ कर नज़र उनपे टिकी
बड़ी हसरत थी कि वो कहते
क्या बात है।

22 – इश्क़ का इल्म

महफ़िल से तेरा रुठ के चले जाना
नाराज़गी की मुझे वजह ना बताना
फिर सर – ए – आम मुझसे नज़रे चुराना
क्या इसीको मोहब्बत कहता है ज़माना?

बरसों से प्यासी मेरी मोहब्बत
मैं बंजर, उजाड़, तरसती इमारत
एक बूंद सी टपकती तेरी चाहत
क्या इसीको कहते हैं इश्क़ – ए – इबादत?

अपने नाम से मेरा नाम जोड़कर
तू रहता है किसी और का होकर
हर फ़र्ज़ और लिहाज़ से मुह मोड़कर
क्या निभाते हैं रिश्ता यूँ दामन छोड़कर?

मुझे इश्क़ का इल्म कहीं से दिला दो
मोहब्बत की कोई किताब पढ़ा दो
कैसे निभाते है रिश्ते, ये सिखा दो
गर बस नाम के हैं ये सब, तो मेरा दिल जला दो।

23 - बचपन

वो कहते थे जब बड़े हो जाओगे सब अच्छा होगा
मेरी गलती है, मैं समझी सब सच्चा होगा

बचपन में जिस मजबूत डोर से बंधे थे सभी
ना सोचा था कुछ सालों में वो धागा कच्चा होगा

जिनसे दिन भर लिपटे रहते थे खेल कूद में
आगे चल कर उनसे दूर रहना ही अच्छा होगा

वक़्त वो था जब मानाते थे जन्मदिन शौंक से
अब कहते हैं वो के रहने दे खर्चा होगा

सोचा ना था जो लफ्ज़ मासूमियत से अब कह रहें हैं
उलझ कर एक दिन वो बातों का गुच्छा होगा

सुना है इतवार को वक़्त निकाल के आए थे वो
उम्मीद है माँ – बाप से 'कैसे हो' पूछा होगा

दिन बदले, मौसम भी और हालात भी
लोग नहीं बदलेंगे, तुमने शायद सोचा होगा

जो टटोलोगे दिल मेरा तो आज भी उसमें
बचपन में लौटने तो तरसता बच्चा होगा।

24 – खिड़की

खिड़की के कोने से
पर्दे को ज़रा सा हटा
तुझे ढूंढती है मेरी नज़र
के तू किस पल गुज़रे
और इनायत हो मेरे दिल पर
के उन दो पलों में
जब मेरी नज़र तुझे देखते हुए
खिड़की के कोने तक पहुंच जाती है
उन दो पलों में
जब तक तू आंख से ओझल नहीं होता
उन दो पलों में
मैं अपने हिस्से का दिन
जी लेती हूं।

25 – छोड़ दूं

तू कहे तो सांस लेना छोड़ दूं
मैं तेरी हूँ, ये कहना छोड़ दूं

जो रातें तेरे नाम कर दी थी मैंने
उनसे अपना नाम जोड़ना छोड़ दूं

गुज़ारे थे तेरी बाहों में जो पल
उन्हें ज़िन्दगी कहना छोड़ दूं

तेरे आने की इंतज़ार में हर पहर
शमा की तरह पिघलना छोड़ दूं

तेरी हर हरकत पे धड़कता है दिल
तुझे छुप छुप के देखना छोड़ दूं

तेरी उठती गिरती पलकों के हर
इशारे को समझना छोड़ दूं

तेरी धड़कनों से चलती है ज़िन्दगी मेरी
छुड़ा दामन, मैं जीना छोड़ दूं।

मुश्किलें गर ना हों तो जीना क्या यारा
आसान सी राहों पे चलना क्या यारा

हम तूफानों में निकालते हैं कश्ती अपनी
इन ज़रा सी हवाओं से डरना क्या यारा

मंज़िल ओझल सही, रास्ता है धुंधला
चल रख अगला कदम, रुकना क्या यारा

जुड़े हैं तेरे काँधे से काँधे कई
बाज़ुओं का सहारा है, गिरना क्या यारा

हम दावत देकर बुलाते हैं मुसीबतों को
अब वो आ ही गए हैं तो रोकना क्या यारा

सिर उठाके जब चलना है सारी उम्र हमने
बस दो कदम चलके फिर झुकना क्या यारा

आखरी मोड़ पर ही आफत खड़ी होती है दोस्त
मंज़िल करीब है तेरे, अब मुड़ना क्या यारा।

ये तमाशा खूब चला ऐ साहीबान, है के नहीं
हर कोई हर किसीसे परेशान, है के नहीं

हर दिन गुज़रता है सबका भीड़ में
हर रात गुज़रती है वीरान, है के नहीं

बेज़ार ज़िन्दगी, बेज़ार रूह, बेज़ार दिल
फिर भी है कितना अभिमान, है के नहीं

इतनी ख्वाइशें हैं के उनके बोझ तले
डगमगा जाता है सबका ईमान, है के नहीं

सारा वक़्त गुज़ार लेते हैं मगर
बन्द करके आंख, मुंह और कान, है के नहीं

ज़िन्दगी फिर भी अज़ीज़ है हमें
है मौत का ऐसा गुमान, है के नहीं।

28 – हिसाब

क्या करती हूँ रोज़?
हिसाब
उन् सभी आंसुओं का
जो कर्ज़ हैं तुम्हारे
मुझ पर
जिन्हें बहने नही दिया मैंने
पी गई

अब भी उमड़ते हैं
एक विद्रोह की तरह
पर हार जाते हैं
मेरी ज़िद के आगे
बहुत पत्थर दिल हूँ मैं
सभी कहते हैं
कभी रोती नहीं

पर वो क्या जाने
के अंदर ही अंदर
कितना भीग चुकी हूँ मैं
ये खारा पानी
ना जाने कहाँ कहाँ रिस्ता गया है

कहते हैं
मकान की नींव में
पानी रह जाए तो
वो कमज़ोर हो जाती है

डरती हूँ
किसी दिन ये इमारत ढह ना जाए
और इस इमारत तो तोड़कर
बहती हुई उस बाढ़ में
मैं भी बह ना जाऊं
बेकाबू, बेकस

मुझे
तैरना नही आता।

29 - खयाल - ए - दिल

खयाल – ए – दिल के करीब नहीं मिलता
कोई इश्क़ के क़ाबिल नहीं मिलता

छूने की जिसे आरज़ू हो दिल में
ऐसा ख़्वाब कोइ कॉमिल नहीं मिलता

आदत सी हो गयी है अकेलेपन की
कोई शक़्स इसमे शामिल नहीं मिलता

है जुनूँ – ए – इश्क़ मेरी मंज़िल
आशिक़ कोई बिस्मिल नहीं मिलता

हूँ बेचैन इश्क़ मैं ख़ाक होने को
मगर हसीन क़ातिल नहीं मिलता

आए और बर्बाद कर दे मुझे
क्यों ग़म ये मुश्किल नहीं मिलता

ये तलब है के खत्म होती नहीं
क्यों मुझे कहीं साहिल नहीं मिलता।

30 – संभल के चलिये

आपके कदमों में है ये दिल नादान, संभल के चलिए
कांच का है ये सामान, संभल के चलिए

गर टूट गया तो शोर बहुत होगा
रुस्वा करेगा जहान, संभल के चलिए

जो चुभ गया कोई कांच पाओं में
रिसती रहेगी ये जान, संभल के चलिए

ज़ख्म आपका भर तो जाएगा मगर
दिल रहेगा पशेमान, संभल के चलिए

अब जब भी चलने को उठाएंगे कदम
कानों में होगा एलान, संभल के चलिए।

उड़ा ले मिट्टी मुझपे
ए ज़माने, तेरी यही फ़ितरत है
मैं भी कीचड़ में खिलती हूँ
मेरा नाम कमल है।

31 – मैं ढीठ हूँ

"इस बार भी बेटा होगा", माँ से कहा सब ने
पर उन सबकी कहां सुननी थी रब्ब ने
सबको ग़लत साबित कर दिया मैंने
जब लड़की बनके जन्म लिया मैंने
आदतन अजीब हूँ
क्या करूँ, मैं ढीठ हूँ

होश संभाला तो हदें नज़र आईं
जो नहीं कर सकती वो बातें सबने बताईं
ज़माने के रीति रिवाज़ समझाए
मैंने कहा "सब भाड़ में जाए"
मैं तो गुनगुनाती बस अपना ही गीत हूँ
हाँ, मैं ढीठ हूँ

फिर ज़िन्दगी ने अपने सबक सिखाए
हर राह पे मेरी कांटे बिछाए
हर कदम पर ठोकर और गिरावट
कोशिश थी के मेरा सिर झुक जाए
पर जिसे तू हारने पे मजबूर ना कर सकी
ऐ ज़िन्दगी, मैं वो जीत हूँ
बेशक! मैं ढीठ हूँ

कई दोस्त आये, कई दोस्त गए
कुछ छोड़ गए, कुछ बने हमसाये
और जो दे गए धोका बनके हमसाये
उनके लिए दो आंसू रो लिए, फिर मुस्कुराए

पर खोजती अब भी मैं नए मीत हूँ
यारों, मैं ढीठ हूँ

ये नहीं पढ़ना, नौकरी नहीं करना
ये जीन्स नहीं, बस सलवार कमीज़ ही पहनना
नज़रें झुकी रहें, ज़ुबान कुछ ना कहे
समाज के मुताबिक ही हमेशा चलना
पर जिसने बग़ावत की हर बेमानी रिवायत से
मैं वो रीत हूँ
क्योंकि, मैं ढीठ हूँ

जिससे इश्क़ किया वो हुआ पराया
ज़माने ने, "तू अकेली है" कहकर डराया
अंधे हो क्या तुम्हे दिखता नहीं
मेरे साथ हर पल है मेरे माँ – बाप का साया
ये बात बिना डरे अब करती रिपीट हूँ
के भाई, मैं ढीठ हूँ

किसीसे रखती ना कोई उम्मीद हूँ
तुम साथ ना चलो, तो भी मैं ठीक हूँ
अपनी नाकामयाबियों को मानती एक सीख हूँ
जब आती हैं मुश्किलें और परेशानियां
ना मांगती रब से रहम की भीख हूँ
बस एक गहरी सांस भर के
ये सारी बातें करती मेंटली डिलीट हूँ
और हंस के कहती हूँ
मैं, ढीठ हूँ।

32 – मेरा वजूद

मैं मुकम्मल करूं मेरा वजूद
ये उम्मीद तो थी मगर
कहते हैं टुकड़ों में रहने वाले
अक्सर मुकम्मल नहीं हो पाते

पर ये आज़माया है
के टुकड़ों में रहने वाले
मुसलसल कोशिश कर
हर टुकड़ा मुकम्मल कर लेते हैं।

कुछ फासले बनाये जाते हैं
कुछ रिश्तों को जोड़ने के लिए

कुछ दीवारें बनाई जाती हैं
एक ही छत ओढ़े रखने के लिए

कुछ रास्ते अलग किये जाते हैं
एक ही मंज़िल तक पहुंचने के लिए

कुछ आंसू गिराए जाते हैं
कुछ मुस्कुराहटें बटोरने के लिए

कुछ ग़म समेटे जाते हैं
कुछ खुशियां बांटने के लिए

कुछ चाहतें भुलाई जाती हैं
कुछ फ़र्ज़ निभाने के लिए।

गुरुर था उसे हर सागर की गहराई नापने का
जब तक तेरी आँखों को देखा नहीं उसने

यूँ डूबा के फिर उभरने की तमन्ना ना रही
खुली आँखों से एक मुस्कुराहट छलका दी उसने

पहुंचा तह तक तो खारा पानी और दफ़्न फ़साने मिले
एक बंद दरवाज़ा था रूह का जो खोल दिया उसने

डर की परत हटाई, तो एक पाक रूह मिली
बस वहीं रहने का फैसला कर लिया उसने।

जब रातों को तुम आ जाते हो
मेरी पेशानी पे चलते हो
हर खयाल रौंद कर जाते हो
हर ख्वाब चूर कर जाते हो
और जाते जाते एक बल
माथे पे मेरे छोड़ जाते हो

जो अगले पहर और दिन भर में
मेरे साथ रहता है हर पल में
हूँ भीड़ में या अकेले में
उलझी रहती हूँ इस बल में

फिर ढलते हुए सूरज के लिए
घर लौटते हर उस शक़्स के लिए
घर बैठी मेरी माँ के लिए
हटा ती हूँ बल माथे के लिए

आंखें खुली, पर देखती नहीं
हैं कान खुले पर सुनते नहीं
ज़ुबाँ बन्द, बोलती नहीं
थका शरीर, ज़िंदा नहीं

एक लंबी सांस लेकर मैं फिर
आंखें मूंद लेती हूँ फिर
नींद में डूबती हूँ फिर
मदहोश मेरा जहां,

और फिर

चुपके से तुम आ जाते हो
मेरी पेशानी पे चलते हो...

36 - जी नहीं करता

बातें हजारों हैं ज़ेहन में मेरी
पर कुछ कहने को जी नहीं करता

कर दूं अफसाना बयां चंद लफ़्ज़ों में
पर कुछ लिखने को जी नहीं करता

लौट के जाना अब नामुमकिन है मगर
उसे मना करने को जी नहीं करता

यूँ ही फ़िज़ूल उलझ गए मोहब्बत में
पर अब पछताने को जी नहीं करता

सौ ग़म देदे वो चाहे हमें
आंसू बहाने को जी नहीं करता

ज़माना देख रहा है इसे रिस्ते हुए
ज़ख्म छुपाने को जी नहीं करता

गैरों की बड़ी रहमत है मुझ पर
अब अपना बनाने को जी नहीं करता

जन्नत की तलब सबको है मगर
ये जहां छोड़ने को जी नहीं करता।

37 - एक दिन

एक दिन वो भी आएगा
जब हम मसरूफ होंगे
सवाल पूछोगे तुम
पर जवाब नहीं होंगे
मेरा ठिकाना नही होगा
कहने को साथ होंगे
रूठना चाहोगे पर
हम सामने ना होंगे
घूमने के मनसूबे बनेंगे
फिर बहाने दस होंगे
बातें बहुत कहनी होंगी
फुरसत के लम्हे ना होंगे
तुम खुद में गुम, मैं खुद मैं
चाहे हाथ थामे बैठे होंगे
क्या है, क्या नहीं सोचोगे तुम
हम जाने पहचाने बेगाने होंगे।

38 – मंज़िल मंज़िल तन्हा

मंज़िल मंज़िल तन्हा रहा ये दिल
यूँ तो चला, मगर रुका रहा ये दिल

उम्मीद का धागा तोड़ चुके थे हम
फिर क्यों उसी मोड़ पे खड़ा रहा ये दिल

तेरी आरज़ू रही तेरा इंतेज़ार भी
तुझसे कहने को तरसता रहा ये दिल

तन्हाई में अकेले नही थे हम
बातें तेरी जो याद करता रहा ये दिल

हर फ़साना मेरी मोहब्बत का ख़ूबसूरत है
हर सफ़े पर हमने रखा ये दिल

तुझे देखा तो हमें ये इल्म हुआ
तेरे बिना कितना तन्हा रहा ये दिल।

39 – अब क्या करें

इश्क़ पर ऐतबार अब क्या करें
किसी अनजाने से प्यार अब क्या करें

चेहरे तो हर तरफ मिल जाते हैं, मगर,
बिना दिल के सरकार, अब क्या करें

तेरे वादे पे गुज़ारकर ज़िन्दगी अपनी
ता – उम्र किया इंतज़ार, अब क्या करें

तूने कहा था इश्क़ है, और रहेगा
हमने किया बस ऐतबार, अब क्या करें

यूँ सर झुकाये खड़े हो सामने मेरे
जैसे गए हो बाज़ी हार, अब क्या करें

इश्क़ का फरेब ही कुछ ऐसा है
खुद की लाठी, खुद पे वार, अब क्या करें।

40 - कांच का दिल

कांच का दिल
टूट ता है और बिखर जाता है,
बिखरता है तो सीने में चुभ जाता है,
चुभता है तो यहां वहां सौ ज़ख्म छोड़ जाता है
पड़े रहते है उसके टुकड़े वहीं
यूँही सालों साल बिखरे हुए
समेटना मुश्किल
समेट कर दोबारा दिल बनाना
नामुमकिन
पर वक़्त ज़ख्म भारता है
होंसला देता है,
टुकड़े समेट कर जोडने का
और इन टुकड़ों को जोड़ कर
आप जो तस्वीर बनाते हैं
वही
ज़िन्दगी है।

तेरे साथ जुड़कर भी तेरी कमी थी

इतनी अकेली तो मैं अकेली भी नहीं थी।

41 – तुम्हारी मर्ज़ी

दिल में छुपी बात बस वही समझता है
जो ख़ुद दिल से बात कहता है
तुम इसे बेज़ुबान रहना कहो
तो ये तुम्हारी मर्ज़ी

गर दो टुकड़े हो भी गए
तो वो हिससे ही कहलायेंगे
तुम उसे मुकम्मल मुल्क मानो
तो ये तुम्हारी मर्ज़ी

कहने को तो चाँद छू आए
पर किसीका दिल ना छू पाए
तुम इसे तरक्की समझो
तो ये तुम्हारी मर्ज़ी

चार सांसें, दो निवाले और उम्र भर की भाग – दौड़
फिर किसी हस्पताल में दाख़िले की हौड़
तुम इसे ज़िन्दगी कहो
तो ये तुम्हारी मर्ज़ी

चार कांधो पे चले पहनके कफ़न का लिबास
इसी तरह होता है नए सफ़र का आगाज़
तुम इसे एक अंत मानो
तो ये तुम्हारी मर्ज़ी

भगवान से सुबह शाम मांगते रहे
भक्त कम भिकारी ज़्यादा लगने लगे
तुम इसे इबादत कहो
तो ये तुम्हारी मर्ज़ी।

42 – गलती की

तुझे माफ किया, गलती की
बार बार किया, गलती की

तेरे होठों से निकले हर लफ्ज़ पर
ऐतबार किया, गलती की

ज़माने के हर इंतबह पर
धिक्कार किया, गलती की

मेरे होने का तुझे हो एहसास
इंतेज़ार किया, गलती की

दिल ने कहा तोड़ दो
इनकार किया, गलती की

अपने ग़मो का तेरे आगे
इज़हार किया, गलती की

ये सब जानते हुए तुझसे प्यार
सरकार किया, गलती की।

43 – नई सुबह

आगोश में अपनी लेके आफ़ताब
आ रही तोड़ कर मेरा ख्वाब

लेकर पंछियों का शोर
ताल पे नाच रहे कुछ मोर

तोड़कर रात का काला जादू
करके चाँद तारों को काबू

एक नई आस को लिए साथ
थामकर पुरवाई का हाथ

आगमन को इसके सारा सन्सार
जाग उठा, हो गया तैयार

नभ पर नई किरण लहराई
वो देखो नई सुबह आई।

44 – वक़्त बदला

वक़्त बदला, हालात बदले
गर तक़दीर बदल जाती
तो क्या बात थी

दिन बदला, रात बदली
अंधेरे रोशनी में ढल जाते
तो क्या बात थी

दिल बदला, दिलबर बदले
कोई इश्क़ भी फरमाता
तो क्या बात थी

घर बदला, घरवाले बदले
कोई अपना कहलाता
तो क्या बात थी

लोग बदले, दुनिया बदली
कोई इंसानियत निभाता
तो क्या बात थी

मैं बदली, एहसास बदले
गर तुझसे कह पाती
तो क्या बात थी

तुम बदले, सब कुछ बदला
गर तुझको पा लेती
तो क्या बात थी

वक़्त बदला, हालात बदले
गर तक़दीर बदल जाती
तो क्या बात थी।

45 - मैं वहीं हूँ

दो अल्फ़ाज़ों के बीच जो सरगोशी रहती है
मैं वहीं हूँ जहां खामोशी रहती है

रात से करके में नींद की शिकायत
पूछती हूँ कहाँ बेहोशी रहती है

तुझे पल भर भी जो देख लूं मैं अगर
कई दिनों तक फिर मदहोशी रहती है

तू भूल जाये मुझे ये मुमकिन नहीं
बस ज़रा सी तुझे फरामोशी रहती है।

46 - चले गए

एक हम, बरसों से होके राब्ता बैठे थे
एक वो, हुए भी ना वाबस्ता, चले गए

समझाना चाहा जिन्हें रिश्तों की एहमियत
वो तोड़ कर हम ही से रिश्ता चले गए

उम्र की रफ्तार देखते निकल गयी
बस दो कदम चले थे रास्ता, चले गए

रात को उजाला करते जुगनूओ का
दिन से नहीं था वास्ता, चले गए

लेकर टूटे सपनो का बोझ पलकों पे और
हाथों में नाकाम हसरतों का बस्ता, चले गए।

दे लो तस्सल्ली ख़ुद को
के अच्छा वक्त आएगा
जो खज़ाना लुटा आये हो
फिर ना कमाया जाएगा

ख़ुद छोड़ कर निकले थे
गांव, गली, नुक्कड़ अपने
मकान बना भी लो ऊंचा
वो घर ना कहलायेगा

समेट लो रेत सारी
भर लो जेबों में अपनी
बस एक सैलाब आकर
सब कुछ बहा ले जाएगा

जो मिला है, चाहिए नहीं
जो चाहिए, मिलता नहीं
बस इसी कशमकश में
ज़िन्दगी बिता जाएगा।

48 – फासले

फासले इतने कर दिए दरमियाँ तुमने
क्या कुछ ना रख दिया दरमियां तुमने

कुछ दर्द के सहारा हैं सूखे हुए
जहां सुनी हैं मेरी सिसकियां तुमने

चंद बूंदे हैं इश्क़ की गिरी हुई
जो डाले नहीं मेरी गिरेबाँ तुमने

लम्हे हैं चंद मसरूफ़ियत से भरे
वक़्त – ए – बर्बाद बिताए परेशां तुमने

कुछ टूटी दिवारें हैं मलबे के बीच
तोडे कितने ख्वाबों के आशियां तुमने

बिखरी ज़ुल्फ़ें हैं, अश्क़ों के समुन्दर भी
दिए तोहफे में इंतज़ार की घड़ियां तुमने

टूट कर कई बेसूद सी पड़ी हैं
काटी जितनी उम्मीद की डोरियां तुमने।

49 - मिट्टी

मिट्टी की एहमियत से पहचान हुई
जब उसे बचपन में पिताजी की कमीज़ के कॉलर और कफ्फस पर
पसीने से हाथ मिलाते देखा।
तब हैरत होती थी सोच के की मेरी यूनिफॉर्म के कॉलर पर मिट्टी क्यों
नही होती।
बड़ी हुई तब समझ आया
के वो मिट्टी ही थी
जिसने हमारी पढ़ाई की फीस भरी, नए कपड़े लेके दिए, हर मनचाही
चीज़ लाकर खिलाई।
पिताजी की मेहनत थी वो मिट्टी।

वॉशिंग मशीन नही थे उस ज़माने में। ना ही बाई रखने का रिवाज़।
हम सबके कपड़े माँ पहले बाल्टी में भिगो देती फिर हाथों से, प्लास्टिक
के ब्रश से घिस घिस के साफ करती थी।
फिर घर की सफाई, झाड़ू, पोछा, डस्टिंग, सब खुद।
माँ की मेहनत थी मिट्टी।

आज शायद इसीलिए अपने कॉलर पर मिट्टी देख मैं मुस्कुराती हूँ और
बाई ना होने पर घबराहट नही होती।

पर और भी पहलू हैं मिट्टी के जीवन में।
बढ़ती उम्र के साथ रेत में पैर गढ़े रखना,
बागीचे की मिट्टी में नंगे पांव टहलना और बारिश की गीली मिट्टी में
चलना अब अच्छा लगता है।
ये तन भी तो मिट्टी है, शायद इसीलिए उसीकी और खिचता है। जानता
है के आखिर इसी में मिल जाना है।

फिर शायद मैं भी उड़ कर किसी की कमीज के कॉलर पर चिपक जाउंगी। किसी के घर कुछ पल ठहर जाउंगी। या फिर किसीके कदमों से लिपट उसके चेहरे पे मुस्कुराहट ले आउंगी।

50 – उलझे धागे

उलझे धागों में उलझने लगी हूँ
मैं बिगड़े रिश्ते बुनने लगी हूँ।

ज़िन्दगी की किताब हूँ पढ़ने बैठी
बस खाली सफे पलटने लगी हूँ

आईने में चेहरा नज़र आता है तेरा
मैं शायद तुझ जैसी दिखने लगी हूँ

पलकों पर अटकी है यादों की बूंदें
गिर जाएं तो कहते हैं मैं रोने लगी हूँ

इंतज़ार में तेरे अब सारी शब
चिरागों के बदले मैं जलने लगी हूँ।

हर लावारिस बच्चे में उसकी जान थी

वो जो माँ बन ना सकी, पर माँ थी।

51 - हो जाऊं मैं

लगा दो आग, जला दो मुझे
पाक हो जाऊं मैं
या सोना हो जाऊं खरा
या राख़ हो जाऊं मैं

नोच लो मांस, काट दो तन
ख़ून ख़ून हो जाऊं मैं
अंदर ही रिस्ते ज़ख्मों से
आज़ाद हो जाऊं मैं

चीर कर ज़मीन, रख दो मुझको
एक लाश हो जाऊं मैं
सांसें मेरी चलती रहें
और ख़ाक हो जाऊं मैं

ना दवा करे, ना दुआ असर
एक रोग हो जाऊं मैं
ये दर्द मैं पी जाऊं सारा
फिर ज़हर हो जाऊं मैं।

फ़लसफ़ा ज़िन्दगी का
बस इतना सा है
न था कुछ तेरा
ना कभी होना है
माँगी हुई साँसें
माँगा हुआ तन
सब कुछ यहीं पर
छोड़ जाना है
नाम, दौलत, शोहरत
नहीं कुछ ख़ालिस
ना तू किसी का था
ना तेरा कोई वारिस
किस बात का घमंड फिर
किस बात के परदे
जब मांगी हुई चीज़ों पर
जी रहा है बंदे।

53 – वो तेरा मेरा था

वो तेरा मेरा था,
हमारा नही था
इश्क़ कम्म पड़ गया,
गुज़ारा नही था
अना नज़रअंदाज़ करना,
गवारा नही था
मोहब्बत के रहने का,
ठिकाना नही था
ना तुम झुके ना मैं,
इरादा नही था
खत्म हुई दास्तान,
सफरनामा नही था
अश्क गिरे मगर,
पैमाना नही था
पैमाना मिला तो,
मैखाना नही था
कुसूर किसका था,
दोहराना नही था
इस बार गुनहगार,
ज़माना नही था।

54 – आज दिल शायर है

आज दिल शायर है
पर है बेज़ुबान
क़तरा क़तरा आंसू
कर रहा बयान
कहानी जो है नई
मगर पुरानी भी
है रुकी हुई मगर
है रवानी भी
हैं लफ्ज़ गायब
और सफ़े खाली
ख़याल उमड़ते हुए
और फैली स्याही
कहानी किसी और कि
कोई पढ़ता नहीं
पर काश वो पढ़ ले
ये कहानी मेरी।

55 – नारी

मेरी प्रकृति है ये धरती
सब मेरी ही काया
मैं आफताब, मैं मेहताब
ये कायनात है मेरी छाया

जन्म देना, धर्म मेरा
और पालना मेरा कर्म
है मोहब्बत फितरत मेरी
अपना हो या हो पराया

ये मौसम मेरा स्वरूप
अम्बा, चंडी से रूप
फूल, फल श्रृंगार मेरे
ये जग मुझ में समाया

हर नर मुझ बिन अधूरा
हर नर में आधी नारी
फिर चंद घंटों का मुझको
क्यों है सम्मान थमाया।

56 – कड़ी से कड़ी

कड़ी से कड़ी जोड़ती गयी
इस तरह ज़ंजीर बनती गयीं

जब चलना चाहा मैंने
तो पैरों में अड़ती गयीं

जिन्हें हक़ भी नही था
उनकी ज़ुबाने टोकती गयीं

चलना मुझे है अब अकेले
ये समझदारियाँ आती गयीं

मेरे गिरने का इंतज़ार
कुछ नज़रें करती गयीं

मेरे उठ ते हर कदम पे
उनकी उम्मीदें गिरती गयीं

कुछ बाँहें होंसला देकर
रहनुमा बनती गयीं

बन्द दरवाज़ों की फिर
चाबियाँ मिलती गयीं

राहों से काँटे हट्‌ ते गए
जो मुझे मंज़िलें मिलती गयीं।

57 – टूटे दिल की दरार

टूटे दिल की दरार हूँ
ना मुकम्मल प्यार हूँ

जो सब्र का इल्म दे
वो रूह बेकरार हूँ

गुल को ख़िज़ा कर दूँ
मैं वो ख़ुश्क बहार हूँ

किसीके लौटने का
बेसब्र इंतज़ार हूँ

हाँ, इश्क़ के बिना
मैं बंदा ख़ाकसार हूँ।

मेरे साथ चलने की ख्वाहिश ना हो
तो कोई बात नहीं
दो कदम साथ चल के छोड़ गए
तो शिकायत होगी

मुझे सहलाने को तेरा हाथ ना बढ़े
तो कोई बात नहीं
पर ज़ख्म दिए बिना गर चले गए
तो शिकायत होगी

मुझे देख कर नज़र फेर लो
तो कोई बात नहीं
मेरी निगाहें तेरी परछाई ना छू सकें
तो शिकायत होगी

मेरे आँसू ना पोंछो
तो कोई बात नहीं
एक नया दर्द ना दिया
तो शिकायत होगी

एक पल भी साथ ना चले
तो कोई बात नहीं
कांधा देकर रुख़सत ना किया
तो शिकायत होगी।

मैं हूँ
या नहीं हूँ

एक खयाल हूँ
या कोई ख्वाब
या सिर्फ एक एहसास

एक सांस हूँ
या खुशबू
या सिर्फ एक बादल

मैं हवा हूँ
या मिट्टी
या सिर्फ एक बूंद पानी

मैं हूँ
तो ये सब
मैं नहीं
तो कुछ भी नहीं।

आख़िरी रात की रवानी है दिसंबर
एक नई सुबह का वादा है दिसंबर

कुछ किस्से खत्म हुए, दफ़नाये गए
कुछ किस्सों की शुरुआत है दिसंबर

बीते मौसमों का सूखा पतझड़ है
अगले मौसमों का इंतज़ार है दिसंबर

नींद से पहले तकिये पर अश्क़ है
सुहाने ख्वाबों का नज़ारा है दिसंबर

सर्द कोहरे में लिपटी रातों में
आशिक़ों का इश्क में लिपटना है दिसंबर

सर्द हवाओं में बर्फ़ीले हाथों में
गर्म चाय का प्याला है दिसंबर

पतझड़ है, सफेद चादर है, लेकिन
चादर में रंग भरने का वादा है दिसंबर

थरथराते होंठों से निकलता धुआं है
सुलगते जज़्बातों का अरमान है दिसंबर

कुछ मेरी ही तरह है ये भी
किसी जनवरी का इंतज़ार है दिसंबर।

काँटों पर चलने वालों को
अक्सर फूल छुभ जाया करते हैं।

61 – डर इस बात का है

डर इस बात का नहीं के ज़िन्दगी कम हो रही है
डर इस बात का भी नही के मौत नज़दीक आ रही है
डर इस बात का है के लोगों के सब्र और समझ के दायरे कम हो रहे हैं
दिलों में प्यार के दायरे कम हो रहे हैं

डर इस बात का नहीं के चेहरों पे हसी नही है
डर इस बात का भी नहीं के कोई ख़ास दोस्त नही है
डर इस बात का है के लोगों के दो चेहरे हैं
और दोनों चहरों में असली कोई नहीं है

डर इस बात का नही के मुकम्मल जहां नहीं
डर इस बात का भी नही के ज़मीन और आसमाँ भी नहीं
डर इस बात का है के कोई भरोसे के काबिल नहीं है
किसीके ग़म में कोई शामिल नहीं है

डर इस बात का नही के कोई शक़्स कामिल नहीं है
डर इस बात का भी नहीं के अब वो अपनों की महफ़िल नहीं है
डर इस बात का है के अब रिश्तों में वाबस्तगी नहीं है
अब अपनों में अपनों सी बात नहीं है।

चार शब्द जो मेरे कानो में प्यार से कह गए थे
हर तरफ से उसी की आवाज़ आती है
मेरी झुकी पलकों पे जो शेर लिख गए थे
हर पल आँखों में उसकी परछाई रहती है
जो प्यार से सहलाया था तुमने मेरे सर को
हर रात उसी सहलाहट से नींद आती है
वो बिसतर जाहाँ तुम सोए थे, उसकी सिलवटों में
आज भी तुम्हारे होने की आहट आती है
ज़िन्दगी की थकाती हुई कड़ी घूप में
तुम्हारी छाओं की ठंडक याद आती है
तुम चले तो गए छोड़ के पर आज भी
मेरे बदन से तुम्हारी खुशबू आती है

63 – ज़मीं पे रह

ज़मीन पे रह
पर नज़र रहे आसमान पर
सर उठाये रख
झुके तो सिर्फ उसके नाम पर
जल जाए लेकिन
चलना तू नंगे पाँव पर
यूँ तो चलते हैं सभी
तू छोड़ना निशान हर राह पर

जो थक जाये
तो बैठ पल दो पल यहाँ
ठिकाना नही तेरा
बस पल का बसेरा यहाँ
अपनो से नही
बेगानों से वास्ता यहाँ
अकेले चलना है
नहीं कोई हमसफर यहाँ

बना खुद एक रास्ता
इस जहान में
चल जंगल
उजाड़ रेगिस्तान में
हौंसला बुलंद
हिम्मत बहे नस – नस में
फिर देखें
कौन शिकस्त देता है तुझे जहान में

64 – चंदन

टुकड़े कर दो, या फिर जला दो
या पीस लो चाहे मेरा तन
उपहार खुशबू का दूं सबको
त्याग कर देह का हर कण
निस्वार्थता अस्तित्व मेरा
औरों को है जीवन अर्पण
महकाऊ घर, आँगन और मन
हूं तो लकड़ी, पर हूं चंदन।

65 – एक घूंट

एक घूंट पिया मैं का उसे भुलाने के लिए
वो याद और आया हमें रुलाने के लिए

हर घूंट में दिखता है चेहरा उसका
मैं पी लेती हूँ उसे अपना बनाने के लिए

क्या चढ़ेगा मुझपे नशा अब मैं का
पी है उसकी आँखों से एक ज़माने के लिए

घूंट दर घूंट आग बनकर उतरता है
इतना जले नहीं हम किसी दीवाने के लिए

खाली जाम मेरे होंठों से लगा दे आकर
इतना काफ़ी है मेरी प्यास बुझाने के लिए

राह देखूं तेरी दरवाज़े पे मैखाने की
तू भी आ मेरा कोई गम भुलाने के लिए

अब के सोएं तो फिर ना जागें हम कभी
ऐसी मैं ला दे साकी पैमाने के लिए।

66 - सूखे पत्ते

कैसा लगता है
सूखे पत्ते सा एक शाख पे होना
के कब टूट कर गिर जाओ
इस बात का इंतज़ार रहना
और डरना भी
हवा के हर उस झोंके से
जो तुम्हारी आखरी सांस बन सके
जीने की ख्वाइश रखना
और मौत के लिए तैयार रहना
इस बात को स्वीकार करना
के दोबारा किसी शाख पे नही सजोगे
तुम्हारी जगह कोई नया आएगा
तुम बस एक ढेर में जमा होकर जला दिए जाओगे
फिर राख, फिर मिट्टी, फिर नया सफर
हम सभी एक सूखा पत्ता हैं
ज़िन्दगी की शाख पर।

67 – मंज़िल

खामोशियों को चुपके से कह लेने दो
के अंधेरों में रोशनी हुआ करती है
और दर्द बस एक हिस्सा ही है प्यार का
आंसुओं से भरी मुस्कुराहट सबसे हसीन होती है

राहों के पत्थर पैरों में चुभने दो
के सफ़र के चलते कोई राहत नहीं मिलती
पाओं थक जाएं पर कदम आगे बढ़ने दो
के थक के बैठने से मंज़िल नहीं मिलती।

68 – तेरी कमी ना रही

तेरी कमी ना रही

ना तेरी जुस्तजू

तेरा इंतज़ार ना रहा

ना तेरी आरज़ू

ना तेरे आने की उम्मीद

ना तुझे खोने का रंज

ना तेरे वजूद का साया

ना तेरी आशिक़ी के रंग

तेरे जाने के बाद

ना रही तुझसे वाबस्तगी

अब है तो एक खालीपन

जो ना भरेगा कभी

मैं खुश हूँ अलहदा होकर

सब कुछ ले गए तुम

ना ग़म रहा ना आँसू

ज़िन्दगी हल्की कर गए तुम।

है हर कोई मसरूफ़ अपनी ज़िन्दगानी में
किसे परवाह क्या लिखा है तेरी कहानी में

भटक रहा महफ़िल महफ़िल लेकर सफ़े अपने
बहरों को सुना रहा क़िस्से अपनी ज़ुबानी में

मोहब्बतें, उम्मीदें, कुछ अपने, कुछ सपने
क्या क्या नहीं खोया है मैंने इस रवानी में

खोया नहीं मैंने तो बस होंसला अपना
जैसे कोई पेड़ तना हो रात तूफानी में

वो फूल तोड़ ले जाते हैं मेरे बगीचे से
एक पौधा और लग जाता है मेरी बागबानी में

जिस फ़रिश्ते को ढूंढते हो जन्नत की गलियों में
उसने आँचल तले रखा तुम्हे अपनी निगेहबानी में

मेरी ख्वाइशों के पौधे को पानी देने
कई बार माँ – बाप को झुकते देखा है
चाहे देने लगे दर्द उनकी कमर
फिर भी सिर्फ मुस्कुराते देखा है
मेरी नादानियों को करके नज़रअंदाज़
बस अच्छाइयों को गिनते देखा है
मुझे ग़मों के तूफान से बचाने के लिए
मोहब्बत के आंचल से ढकते देखा है
मेरे शिकन भरे माथे पर हमेशा
सुकून का हाथ रखते देखा है
मैं थक कर जब भी लड़खड़ाई
पीठ पर हाथ रख संभालते देखा है
मैने माँ और पिता के रूप में,
रब्ब को साथ चलते देखा है।

ए ज़िन्दगी बड़ा परेशान किया तुझे हमने
वो सब मांगा, जो नहीं था मेरी किस्मत में।

इबादत करने बैठा तो पूछा खुदा ने
क्या आज मोहब्बत की है तुमने?

क्या रंज झटक दिए है जानामाज़ से
क्या वुज़ू रूह को किया है तुमने?

जो सिर सजदे में झुक रहा है
उसे अना से आज़ाद किया है तुमने?

मैले पड़े अपने वजूद को
बहते अश्क़ों से साफ किया है तुमने?

रंजिशों मैं दबे नफ़रत के खयालों को
क्या ज़ेहन से हटा दिया है तुमने?

ये हाथ दुआ मांगने जो उठे हैं
किस नेकी से हक़ लिया है तुमने?

दुआ दिल से निकले तो पूरी होती है
क्या ज़ुबाँ को दिल से जोड़ा है तुमने?

72 – एक शाम

एक शाम तेरे नाम करदी मैंने
ये बात बहुत आम करदी मैंने

तेरा वादा था शब होते आनेका
हर सुबह को शाम करदी मैंने

तुझे भुलाने की कोशिश की दिल ने
हर कोशिश नाकाम करदी मैंने

डर था तुझे रुस्वा ना हो जाएं
अपनी शख़्सियत बेनाम करदी मैंने

बिखेर कर ज़ुल्फ़ें अपनी रातों को
उसकी नींदे हराम करदी मैंने

मांग कर अपनी तकदीर से उसको
रब की मुश्किलें तमाम करदी मैंने।

73 – मैं भटकती रही

मैं भटकती रही अंधेरों में मुझे
रोशनी तो मिली, उजाला ना मिला

कुछ ख्वाब उधेड़ कर रातों को
अरमानों संग जला दिए
कुछ यादें मिलाकर राख़ में
मैंने गंगा में बहा दिए
सियाह में डुबो दिया खुद को
पर ख़ाक के सिवा कुछ ना मिला
मैं भटकती रही अंधेरों में मुझे
रोशनी तो मिली, उजाला ना मिला

मैं लहर लहर बहती गयी
कभी नाले, नदी, समुन्दर में
कभी इस नगर तो कभी उस नगर
उलझी रही तूफानों में
नाव तो मिले कई मुझको
पर किनारा मुझे कोइ ना मिला
मैं भटकती रही अंधेरों में मुझे
रोशनी तो मिली, उजाला ना मिला

एक सफर सी लंबी ज़िन्दगी
हमसफर मिले, साथी नहीं
हर कदम पर मिलती रही
मुझे लेकिन रुकावट ही
गांव, जंगल, पहाड़ फिर भी

मैं चलती रही, मैं चलती रही
रास्ते तो नाप लिए बहुत
मंज़िल का इशारा ना मिला
मैं भटकती रही अंधेरों में मुझे
रोशनी तो मिली, उजाला ना मिला।

74 – यही वजह है

यही वजह है के हम इश्क़ में बर्बाद रहते हैं
जहां गवांकर आये वहीं सुक़ूं तलाश करते हैं

कोई तोड़ ना जाए फिर इसे बेपरवाह होकर
आजकल दिल अपना हम पत्थर से तराशा करते हैं

एक तेरा इश्क़ ही नहीं जो फ़र्ज़ी था जहां में
अब तो साक़ी भी जाम में पानी मिलाया करते हैं

निगाहों की गुआताखियों का है सारा सिलसिला
जो मिलाते थे कभी, आज नज़रें चुराया करते हैं

उनकी बेचैनी भी ज़ाहिर हो जाती है आखिर
हंसते हंसते वो भी गुमसुम हो जाया करते हैं

हमसे महफ़ूज़ भला कैसे रखोगे ख़ुद को
क़तरा – ए – इश्क़ हैं हम रगों में बहा करते हैं

करदे बिस्मिल अगर यही तेरी मर्ज़ी है
आंख से आंसू गिरे तो हम मुस्कुराया करते हैं।

75 – पूछेंगे

कभी हुए जो वाबस्ता, पूछेंगे
इश्क़ था कितना सस्ता, पूछेंगे

छोड़ कर मुझे जिस पर चल दिये थे
कैसा था वो रस्ता, पूछेंगे

चेहरे पे मुस्कुराहट है उनके
हाल – ए – दिल क्यों है खस्ता, पूछेंगे

जिसे पागल कह ठुकराता है ज़माना
वो किस बात पे है हस्ता, पूछेंगे

जिन माँ – बाप के जवान बेटे हैं
वो दिखते हैं क्यों शिकस्ता, पूछेंगे

मुसाफिर को बस रास्ते की तलब है
क्यों मंज़िल को नही तरसता, पुछेंगे

जो बादल उठाये फिरता है सीने पे
वो क्यों नहीं बरसता, पूछेंगे

जिन्हें जानता है सारा शहर, वो ख़ुद से
कब होंगे वाबस्ता, पुछेंगे।

चेहरे पे नकाबों का पहरा रहने दे
ना दिखा आईने को चेहरा, रहने दे

बन के तू शौख बदमस्त हवा
आँचल ना मेरा यूँ लहरा, रहने दे

फतेह किये हैं तूने ऊंचे पहाड़ पर
मेरा इश्क़ समुन्दर है गहरा, रहने दे

देता है ललकार रोज़ तूफानों को
और रखता है दिल पे पहरा, रहने दे

जो कफ़न ओढ़े फिरते हैं सहराओं में
वो सिर कहाँ बांधेंगे सेहरा, रहने दे

हर मचलती नदी से कहता है किनारा
बहता पानी कब है ठहरा, रहने दे

तू ख़ूबरू सही, पर यूँ नुमाइश ना कर
है नाम मेरा भी ज़हरा, रहने दे

कहकर अपने मतलब की बातें सारी
हो जाएगा तू भी बेहरा, रहने दे।

77 - इश्क़ और अश्क़

बस दो लफ़्ज़ों की है मेरी कहानी
इश्क़ और अश्क़ हैं मेरी ज़िन्दगानी

एक उमड़ता सैलाब है जज़्बातों का
दूसरा आंखों से बहता खारा पानी

इश्क़ के हजारों किस्से हैं लेकिन
अश्क़ों के किस्से नहीं हैं ज़ुबानी

गर इश्क़ की खता कर ली किसीसे
तो अश्क़ों से होगी कीमत चुकानी

इश्क़ की बस एक शर्त है यारों
अश्क़ों से उम्र भर यारी निभानी

इश्क़ जाता है जब ज़िन्दगी से
छोड़ जाता है सिर्फ अश्क़ों की निशानी

इश्क़ तेरा फतेह का फरमान है तो
अश्क़ है तेरे हारने की कहानी।

78 - नहीं मिलता

जो भी ढूंढने निकलूं, वो समान नहीं मिलता
कोई भी बुरा इंसान परेशान नहीं मिलता

किसी परिंदे से लावारिस हूँ मैं भी
मुझे कहीं ज़मीन, कहीं आसमाँ नहीं मिलता

जो मोहब्बत नहीं करते उन्हें जाके बता दो
काफिरों की बस्ती में खुदा नहीं मिलता

मैं परेशान ता – उम्र ढूंढता रहा
खुद के होने का कोई निशाँ नहीं मिलता

एक खंजर छुपाये फिरते हैं सीने में
फिर कहते हैं कहीं सुकून नहीं मिलता।

79 - कहानी

सफ़ा दर सफ़ा लिखते गए हम
मुक्क़मल हमारी कहानी ना हुई
उम्र दर उम्र चलते रहे हम
जिये मगर ज़िन्दगानी ना हुई

तेरा हाथ थामा तो दिल धड़का यूँ
ऐसी तो कभी जवानी ना हुई
तुझसे लिपटने की ख्वाईश करता रहा दिल
कोई रात मगर तूफानी ना हुई

देख कर किसी और कि बाहों में तुझे
मुझे कोई परेशानी ना हुई
तू खुश तो मैं हर हाल में खुश
मुझसी कोई दीवानी ना हुई।

80 – जमाना क्या कहेगा

अभी आज़ाद नहीं हूँ
अभी बंदिश में ही हूँ
फिक्र जब तक मन करेगा
के ज़माना क्या कहेगा

जब तक सोचेगा मन
तब तक रोकेगा मन
इस डर से कुछ ना कर पायेगा
के ज़माना क्या कहेगा

बांधा किसने है तुझको
रोका किसने है तुझको
खुद अपनी क़ैद में रहेगा
के ज़माना क्या कहेगा

अपने अरमानों की चढ़ाकर बली
जाना था कहाँ, चले किस गली
इस सवाल में उलझ के रह जायेगा
के ज़माना क्या कहेगा

अरमान कुचल दिए अपने
जला दिए सारे सपनें
अब भी ख्याल यही आएगा
के ज़माना क्या कहेगा

इस हक़ीक़त को ज़ेहन में बिठा तो सही
ज़माना तुझसे है, तू ज़माने से नहीं
पंख फैलाकर जब तू उड़ जाएगा
देखते हैं, ज़माना क्या कहेगा

बना अपनी ही राह तू
डगर भी तू, मंज़िल भी तू
आसमाँ से जब तारे तोड़ लाएगा
देखते हैं, ज़माना क्या कहेगा।

जब छूटती है उम्मीद की एक डोरी

तो दूसरी पकड़ लेता हूँ

इस तरह, मैं खुद को,

ज़िंदा रख लेता हूँ।

81 – मैं भी देखूं

तेरे रुख से नक़ाब उतरे तो मैं भी देखूं
रंग फरेबी का बदलता हुआ मैं भी देखूं

यूँ तो सच कम् ही मिलता है बाज़ार में
कौन है खरीदार मैं भी देखूं

मुझसे कहता है दीवार पर टंगा आईना
पलके उठा, आंखों का समुन्दर मैं भी देखूं

लोग कहते हैं ज़माने में इंकलाब आएगा
कौन सरफरोश हीगा शहीद मैं भी देखूं

जहाँ में लोगों की इस बढ़ती भीड़ में
कितने इंसान रह गए मैं भी देखूं

जिनके सीने में सिर्फ ज़हर है मेरे लिए
कब तक रहेगी ज़ुबाँ पे मिठास मैं भी देखूं

वफ़ा की कीमत लेकर घर से निकला है वो
कहाँ लगता है इसका बाज़ार मैं भी देखूं

जो रोज़ बेचती है तन अपना, उसके सिर पर
पिता बनके कौन रखता है हाथ, मैं भी देखूं

जिनके हाथों से टपकता है ख़ून मासूमों का
कहाँ मिलती है उन्हें जन्नत मैं भी देखूं।

मेरे दोस्त खुश हैं के फोन सस्ते हो गए हैं,
मुझे ग़म है के फुरसत मेहंगी हो गई है।

ऑनलाईन बढ़ती हुई मेरे दोस्तों की भीड़ में,
मेरे पास बैठी माँ कहीं खो गई है।

जिस पूजा को कोई पड़ोसी ना पहचानता था,
वो आज फेसबूक पे मशहूर हो गई है।

जिन्होने ग़ालिब का नाम तक ना सुना था,
उनकी शायरी आज ईन्टरनेट पे वायरल हो गई है।

खोकर इस बनावटी दुनिया में लोगों की,
ज़िंदगी से वाबस्तगी खत्म हो गई है।

मैं हूँ कि नहीं हूँ ये तुम फैसला करो,
मेरा वजूद तुम्हारे 'लाईक' की गुलाम हो गई है।

मुझे जान ना हो तो आकर मिल जाना मुझे,
मैं वो तस्वीर नहीं जो सर – ए – आम हो गई है।

ये दिवारें तोड़ दो, बाहर निकालो मुझे,
मेरी दुनिया मेरे हाथों में कैद हो गई है।

83 – सोचती हूँ

सोचती हूँ मैं कभी कभी तो
के ज़रूरी नहीं इश्क़ हो सभी को
सांसें हैं, पाओं हैं और रास्ता भी
ज़िन्दगी यूँ भी जी लेते हैं कई तो

जीते जी रु – ब – रु हुए नहीं जिस से
ज़िन्दगी कर दी उस इश्क़ के हिस्से
कुछ एहसास और कुछ दर्द समेत कर
बना दिये ना जाने कितने ही किस्से

तुझे पाना और खोना एक ही बात थी
तेरा होना, ना होना, एक ही बात थी
तेरे साथ गुज़ारे तो थे पल हज़ारों
फिर याद आया, वो बस एक ही रात थी

तू आफ़ताब सा जला गया सब कुछ
तेरे इश्क़ ने राख़ किया सब कुछ
मैं मेहताब सी जली बस रातों को
शबनम – ए – अश्क़ में डुबो गयी सब कुछ

है कारवां तो क्या मंज़िल भी है?
है कश्ती तो क्या साहिल भी है?
मैं इम्तेहान दे तो दूँ मोहब्बत के सारे
पर ये इश्क़ क्या कहीं कामिल भी है?

84 – उदास ना होना

उदास ना होना
जब महफ़िलों के दायरे घटने लगें
के महफिलों में तन्हाई अक्सर मिलती है
और अकेले में तुम ख़ुद से मिलते हो

उदास ना होना
जब लोगों के चेहरे पलटने लगें
के एक और चेहरा दिखेगा उनका
जिसे तुम ख़ुद देखना नही चाहोगे

उदास ना होना
जब ज़िन्दगी किसी और राह पर चल पड़े
के पुराने रास्तों में कुछ नया नहीं
और नया रास्ता सिर्फ तुम्हारा होगा

उदास ना होना
जब अपनों के हाथ छूटने लगें
के साथ छोड़ने वालों को सिर्फ ज़रूरत होती है
और साथ रहने वालों को बस चाहत

उदास ना होना
जब तुम किसीको याद ना रहो
के याद रखना किसीको आसान नहीं
और भूल जाना बेहद ही मुश्किल

उदास...ना होना।

85 - हम फीके हैं

जिन्हें लगता है के हम फीके हैं
उन्हें अपने रंग में रंगना पड़ेगा

जो जलाकर शमा खड़े देख रहे
उन्हें भी तो राख़ हो जाना पड़ेगा

इंसानी फितरत है दूसरे को निकम्मा समझना
आज तुझे भी आईना दिखाना पड़ेगा

रंज है कि तुझे सबक सिखाने मुझको
गिर कर तेरी औकात तक आना पड़ेगा

मेरा चुप रहना तुझे रास ना आया
अब खंजर ज़ुबाँ का चलाना पड़ेगा

आदत नहीं दुश्मनी करूँ किसीसे
अब जो कर ली है, निभाना पड़ेगा।

कुछ है सुरूर इस बात में
के ज़िन्दगी की राह में
टूटे तो कई बार हम
बिखरे, हुए तार तार हम
पर सिमटा हर टुकड़ा हाथों से
जोड़ा फिर खुद को, खुद से
और चलती रही, बिना रुके
एक राह खत्म, तो दूजी मिले
याद रख कर बस एक ही बात
छोड़ना ना कभी खुद का साथ।

87 – वही दर्द है

जो दबा है सीने में, वही दर्द है
जो रिस्ता है सीने में, वही दर्द है
आंसू कुछ बह जाते हैं, जाने दो
जो नही बह पाते, वही दर्द है

पहली मुलाकात की याद, वही दर्द है
वो इंतेज़ार मैं ढलती रात, वही दर्द है
तेरा हाथ छुड़ाकर चले जाना
मेरा ना बुलाना, वही दर्द है

जानते हुए बनना अंजान, वही दर्द है
तुझमें ढूंढना अपनी पहचान, वही दर्द है
मुझे देखकर तेरा मुह फेर लेना
यूँ लेना मेरी जान, वही दर्द है

अल्फ़ाज़ों से भरी खामोशी, वही दर्द है
शिकायत करती खामोशी, वही दर्द है
सब कुछ भुलाकर फिर गले से लगाना
वही खुशी का एहसास है, वही दर्द है

88 - ज़िन्दगी है

कैसी बुजदिली है, ज़िन्दगी है
फिर भी बेशर्मी है, ज़िन्दगी है

होंसला मंद करुं मैं खुद को
फिर भी मायूसी है, ज़िन्दगी है

ना खिंचती है ना ही खुलती
सबके के गले जो फांसी है, ज़िन्दगी है

क्यों भटकते हो सहरा – ए – जहाँ में
ये भी मजबूरी है, ज़िन्दगी है

लफ्ज़ घबराये हैं सहमे से हैं
जब खामोशी चीख़ती है, ज़िन्दगी है

ये किसके अशआर हैं ये किसकी कलम
ये मैंने लिखी है, ज़िन्दगी है।

89 - शामिल

तू ज़िन्दगी में इसलिए शामिल नहीं
तू सफ़र है मेरा, मंज़िल नही

पेशानी पे बल लिए फिर रहे सभी
कौन है यहां जो बिस्मिल नही

टूटता है हर रात मेरी पलकों पे
तू वो ख़्वाब है जो क़ामिल नही

मांगता नहीं तुझे दुआओं में मैं
जानता हूँ तू होगा हासिल नही

तूझसे इज़हारे मोहब्बत कैसे करूँ
जब यकीं है मैं तेरे काबिल नही।

९० – बारिश

वो फिसलना चेहरे से बारिश की बूंदों का
जैसे शमा कोई जल कर पिघल रही हो

वो खेलना बौछार में यूं उछल कर
ज्यों सावन में मोरनी मचल रही हो

वो गिरना, गिराना, वो हसना खुलकर
उम्र जैसे बचपन में ढल रही हो

ये मौसम हमेशा बहकता है जैसे
बादलों के साये में खुशी पल रही हो

भिगो दो हर जिस्म जो जल रहा है
बुझा दो हर आग जहां जल रही हो

मैं भीगी सी खुद से ही पूछती हूँ
क्या है सावन में जो बहल रही हो

ये मौसम, ये बादल, ये पानी की बूंदें
इश्क़ है सब, तुम इश्क़ में ढल रही हो।

उन्हें गुरूर है इश्क़ की हर बाज़ी जीतने का
जिन्होंने मोहब्बत में हारकर कभी देखा नहीं।

91 - छुप छुप के

होते है रोज़ तमाशे, कहीं झगड़े तो कहीं जनाज़े
हर कोई देखता है, मगर छुप छुप के

बाज़ार में बिकता है, कभी ईमान तो कभी दिल,
हर कोई खरीदता है, मगर छुप छुप के

किसी रात ख्वाब में आओ तो इस दिल में उतर कर
जीने की वजह छोड़ जाना, मगर छुप छुप के

उसका दिल कमबख्त कभी इस पे आता है तो कभी उस पे,
इश्क़ दोनो से जाता ता है, मगर छुप छुप के

रोज़ होती हैं शहर में चोरियां – डकैटी तमाम,
अपने ही अपनों का घर लूट ते हैं, मगर छुप छुप के

सलाम है तेरी मोहब्बत को और मोहब्बत के वादों को,
किसी और के हो लिये ये, मगर छुप छुप के

ये समाज के दायरे हैं दोस्तों, यहां हर ज़ुल्म होता है
लोग करते हैं शिकायत, मगर छुप छुप के।

हाल क्या बताएं के देख कर उनको
सांस चलती है और निकलती है जान

वो कहते हैं के भूल जाओ हमको
कैसे भूलें लेकिन हम अपनी पहचान

चार लोगों को क्या ख़बर हो गयी
तुम इश्क़ से होने लगे पशेमान

ज़माने का तेरा ये डर, उम्र भर
कुचल देगा ज़िन्दगी के कई अरमान

झुकाके नज़रें मोहब्बत का इक़रार कर
उठाकर सर रख ले मोहब्बत का मान

गैरों से बातें और हमसे खामोशी
यही बेइंसाफी करती है परेशान

वो मेरा है लेकिन मेरा नहीं
जाओ कर देंगे हम ये ऐलान

दो आंखें, एक दिल, कुछ गुज़ारिशें और आंसू
लाओ, लौटा दो मेरे इश्क़ का सारा सामान।

93 – तलाश

बन्द होती आंखें ढूंढती हैं किसे
थकी हुए बाहें ढूंढती हैं किसे

ज़िन्दगी के इस आख़िरी पड़ाव में
खत्म होती ये राहें ढूंढती हैं किसे

उजाला कर खुद अंधेरे में सिमटती
शमा की सर्द आहें ढूंढती हैं किसे

मैं राख़ होकर भी ना मिलूंगी कहीं
ये हवाएं ना जानें ढूंढती हैं किसे

मेरे साये से सट के चलती हुई
परछाई की निगाहें ढूंढती हैं किसे

है आख़िरी घड़ी ना जाने किसकी
रब्ब की सदायें ढूंढती हैं किसे।

94 – प्यार

सारी उम्र तरसाया सौ बार, प्यार
क्यों है तू इतना दुश्वार, प्यार

कीमती है, पर बिकता है ये
बस दो आने या चार, प्यार

सुना था बड़ी ताकत है इसमें, पर
कर देता है लाचार, प्यार

रौनक चेहरे पर, आंखों में नशा
और हाल दिल का बीमार, प्यार

जब पूछा ज़माने से इश्क़ के बारे
बोले मर्ज है ये बेकार, प्यार

इश्क़ के बदले मिलती तन्हाई
बड़ा मतलबी है यार, प्यार

उम्र भर कोन रहता है साथ
बस दो दिन का है खुमार, प्यार।

95 - मिट्टी सा बन

हर बीज को अपना कर
दे ज़िन्दगी हर बूटे को
महका दे सारा वन
मिट्टी सा बन

आखरी सफर में साथ दे
देह लेकर बाहों में
अपना ले हर तन
मिट्टी सा बन

कोई भीगा दे गर तेरा आँचल
तो अपनी खुशबू बिखेर कर
महका दे ये आलम
मिट्टी सा बन

तेरा तन मिट्टी
तेरा मन मिट्टी
स्वभाव में कर परिवर्तन
मिट्टी सा बन।

96 - तुम

तूम जो जगह जगह अपने निशां छोड़ जाते हो
जानते हो मुझे किस तरह परेशां छोड़ जाते हो?

समेट ती रहती हूं तुम्हे मैं फिर दिन भर
मेरे कमरे में एक कहकशां छोड़ जाते हो

कहने को साथ यादों का कारवां है
फिर भी खाली मेरा गिरेबां छोड़ जाते हो

यहां वहां हर जगह सिर्फ तुम्ही तुम
बस कहने को मेरा मकां छोड़ जाते हो

सिमट कर तुम्हारी यादों को स्याही में
लिखने को मेरे एक इम्तिहां छोड़ जाते हो

मेरी रूह, मेरा गुरूर, मेरा वजूद सब ले गए
ये खाली जिस्म बस यहां छोड़ जाते हो।

ऐ ज़िन्दगी तूने सिखाया मुझे
कुछ नहीं में सब कुछ ढूंढना

ये जो वक़्त कटता नहीं दिन भर
उस वक़्त से कुछ पल ढूंढना

आंख से बहते खारे समुन्दर से
मुस्कुराहट के चन्द मोती ढूंढना

ज़हन में उलझे हज़ारों नामुमकीन से
वो सबसे मुश्किल मुमकिन ढूंढना

आंखें मूंदकर कदम बढ़ाकर
कोहरे में नया रास्ता ढूंढना

कुछ पाने में तो सभी खुश होते हैं
कुछ गवाने में भी खुशी ढूंढना।

तस्सवुर तेरा करूँ मैं, इंतज़ार नहीं
तेरी दीवानी हूँ, पर तुझसे प्यार नहीं

जानती हूँ के तू वाकिफ़ नही मोहब्बत से
तू जानता है वफ़ा क्या है, पर वफ़ादार नहीं

इश्क़ का इल्म जिन्होंने पाया है बस किस्सों से
वो तालिब – ए – इल्म हैं इश्क़ के, ताबेदार नहीं

बे हिसाब ही है इश्क़ का हिसाब यारों
पैमाइश कर सको गर, तो वो प्यार नहीं।

९९ – अभी मैं हूँ

ना मरने की आरज़ू, ना जीने का जुनून
कुछ टूटी सी, कुछ बिखरी सी, पर हूँ, अभी मैं हूँ

उखड़ा हुआ गजरा हूँ मैं,
टूटी हुई चूड़ी
फैला हुआ काजल हूँ,
ज़ुल्फ़ हूँ बिखरी हुई
मैला सा आँचल हूँ,
मिटा हुआ हूँ सिंदूर
पायल हूँ मैं छूटी हुई,
हूँ अश्क़ मैं मजबूर
जो सामान बनाएं मुझको,
बर्बाद उन्हीं से हूँ

कुछ टूटी सी, कुछ बिखरी सी, पर हूँ,
अभी मैं हूँ।

100 – धूल

धूल हूँ मैं, पड़ी रहने दे
तेरे कमरे की हर चीज़ पर

गर झटक भी दे तू मुझे, तो उड़ कर
बैठ जाऊं किसी और चीज़ पर

या पड़ी रहूँ तेरे कदमों के
इंतज़ार में, तेरी दहलीज़ पर

कभी हाथों से या पैरों से छू कर
इनायत कर देना इस नाचीज़ पर

पुरानी ही सही, आज फिर पहन लेना
मैं चिपकी हूँ जिस कमीज़ पर

के ख़ाक होकर ही, मुझे,
हक़ मिला तेरी हर चीज़ पर

कर दे करम और मेहेरबानी
ये ज़रा सी, अपनी कनीज़ पर

के धूल हूँ मैं, पड़ी रहने दे
तेरे कमरे की हर चीज़ पर।

उम्मीदों में लिपटी एक ख्वाइश

हर सुबह जिंदा होती है

और हर रात दम तोड़ देती है

सुना है, इसे ज़िन्दगी कहते हैं।